Obras de Teatro Infantil

para ser representadas por niñas y niños

imaginador

3 3113 02468 7958

Felder, Elsa Nelly
    Obras de Teatro Infantil / Elsa Nelly Felder
    y Luis Hernán Rodríguez Felder
    1° edición - Buenos Aires: Grupo Imaginador
    de Ediciones, 2005.
    96 p.; 25x17 cm.

    ISBN: 950-768-533-2

    1. Teatro Infantil Argentino
    I. Rodríguez Felder, Luis Hernán
    II. Título
    CDD A862.928 2

Primera edición: diciembre de 2005

I.S.B.N.: 950-768-533-2

Se ha hecho el depósito que establece la Ley 11.723
© GIDESA, 2005
Bartolomé Mitre 3749 - Ciudad Autónoma de Buenos Aires - República Argentina
Impreso en Argentina - Printed in Argentina

Se terminó de imprimir en Mundo Gráfico S.R.L., Zeballos 885, Avellaneda,
en diciembre de 2005 con una tirada de 3.000 ejemplares.

El Príncipe Rana

de

Elsa N. Felder

I

OBRA DE TEATRO
EN DOS BREVES ACTOS
PARA PRESENTADOR,
DOS NIÑAS ACTRICES
Y DOS NIÑOS ACTORES.

Síntesis de la obra

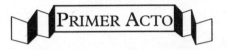

PRIMER ACTO

Una princesa camina alegre por el bosque primaveral hasta que llega a la orilla de una pequeña laguna. De pura alegría se pone a brincar, perdiendo su anillito de oro, que cae al agua. De ésta surge una rana que le ofrece retornarle la preciada joya si le promete realizar tres deseos que va a pedirle. La Princesa acepta, aunque no piensa cumplir con su palabra, y la Rana se sumerge y le devuelve el anillito. Cuando ésta le pide que realice el primer deseo, la Princesa se niega y parte apresurada para el castillo donde vive con su padre, el Rey.

SEGUNDO ACTO

Ya en el castillo y en presencia del Rey, la Rana aparece dando saltos y exigiendo el cumplimiento de los tres deseos. La Princesa sigue negándose, pero el Rey le dice que lo que se promete hay que cumplirlo. Finalmente, la joven accede, aunque se niega nuevamente a cumplir con el tercer deseo, que es darle un beso a la Rana.

El Rey insiste, y ella se resigna. Al darle el beso, la Rana se transforma en un apuesto príncipe. Ambos se besan y se abrazan, enamorados.

Personajes

El Presentador

La Princesa

La Rana

El Rey

El Príncipe

 Nota: *El presentador es un personaje típico de las funciones de títeres de guante, o de las funciones de cualquier circo trashumante. En general se lo suele presentar con frac, moñito y hasta galera.*

Actrices y actores en elementos escenográficos

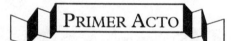

PRIMER ACTO

Niñas Flores

Niños Plantas y Matorrales

Niño Hongo

Niño Árbol Claro

Niño Árbol Oscuro

Niño Palmera

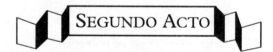 *Y todos los elementos imaginables del bosque donde se encuentra la laguna donde está la Rana.*

SEGUNDO ACTO

Niños Guardias de Palacio

Niñas que han servido la mesa

Pajes

Cortesanos

(Etcétera)

Primer Acto

Un rincón de un bosque, con un espejo de agua
en un costado, y con fondo de árboles y matorrales,
además de numerosas flores.

El Presentador

Aparece, camina hasta el centro de la escena con amplia
sonrisa, y se inclina hacia los espectadores en reiteradas
reverencias.

¡Niñas dulces, jovencitos,
damas de gran distinción,
caballeros muy atentos,
abuelos, gente mayor,
enternecidas señoras,
hombres de buen corazón,
público sabio y honesto
inclinado a la ovación,
brindaremos una historia
de las que llaman de amor,
entre una bella princesa
y un príncipe encantador
que resara encantado
por un brujo malhechor!
¡Con ustedes, los artistas,
puro nervio y emoción!
¡Y entre ellos, agradecido,
este humilde servidor!

Se inclina en nuevas y muy aparatosas reverencias
mientras sale de la escena caminando hacia atrás.

La Princesa

Entra a escena muy alegre.

¡Qué radiante la mañana,
y qué bosque encantador!
¡Vuelan y ríen las aves,
las flores lucen al sol!

Camina por la escena hasta que descubre el espejo
de agua.

Una pequeña laguna
desde aquí veo brillar:
¡yo quiero en su espejo de agua
ver mi rostro reflejar!

Se inclina hacia la pequeña laguna, y se observa
muy coquetamente.

¿Habrá alguna más hermosa?
¿Alguien me podrá igualar?
¡Aunque soy una princesa
me dan ganas de brincar...!

Salta alegremente a la orilla de la laguna, y de pronto
se paraliza y exclama:

¡Ay, ay, mi precioso anillo!
¡Ay, ay, mi anillito de oro!
Al brincar se me ha caído
la joya que más adoro.
¡Devuélveme, lagunita,
ese precioso tesoro!

La Rana

*Apareciendo de improviso desde detrás de un matorral
a un costado de la laguna. Lleva sobre su cabeza una
pequeña corona dorada.*

¿Acaso quieres tu anillo...?

La Princesa asiente.

Tendrás que hacer la promesa
de cumplir mis tres deseos
con palabra de princesa.
Primero: llevarme en brazos
hasta la mesa, al cenar.
Después: comer de tu plato;
y al fin me habrás de besar.

La Princesa

Está bien, verde ranita;
lo que pidas yo he de hacer...

Aparte.

...promesa hecha a una rana,
¿qué valor puede tener?

La Rana

*Desaparece detrás de unos matorrales, en los que se
zambulle, como si se arrojara a la laguna. Poco después
reaparece, llevando el anillito de oro.*

De la laguna he sacado
tu anillito de princesa.
Tómame ahora en tus brazos
para cumplir la promesa.

La Princesa

¡Qué rana más pretenciosa!
Sería cosa muy rara
que en brazos de una princesa
una rana se paseara.

*Se atenúan las luces hasta apagarse por completo, o,
sencillamente, se apagan repentinamente, indicándose
así el fin de este primer acto.*

Fin
del Primer
Acto

Grabado de T. Peddie, extraído de **El Tesoro de la Juventud**.

Segundo Acto

Sala del palacio. Una majestuosa silla representa el trono del Rey. Al costado, una mesa servida para comer.

Entra la Princesa apresuradamente. El Rey está sentado en su trono.

El Rey

¿Qué te pasa, hijita mía,
que llegas tan agitada?

La Princesa

En el bosque me entretuve
y temí estar demorada.

El Rey

Ven, y acércate a la mesa...

Dando saltitos aparece la Rana desde atrás de la mesa, o desde un lateral, y se aproxima a la Princesa. El Rey se sorprende ante la aparición.

...¡una rana te ha seguido
y croa y salta a tu lado
tirándote del vestido!

La Princesa

Padre: brinqué, y el anillo
en la laguna cayó,
y esta rana con corona
del fondo lo rescató,
a cambio de concederle
tres deseos que pidió.
Pero no quiero cumplir
las promesas que le hice.
Además, ¿qué valor tiene
lo que a una rana se dice?

El Rey

Siempre se debe cumplir
cuando se hace una promesa.
Si no cumples tu palabra
no mereces ser princesa.

La Princesa

¿Y he de tomar en mis brazos
a esa rana de laguna?

El Rey

Cumplirás, si prometiste,
tus promesas una a una.

La Princesa

Pues ven a mis brazos, Rana,
puesto que el Rey lo aconseja.
Te pondré junto a mi plato
y compartirás mi cena.

La Princesa va hasta la mesa y se sienta para comer.
La Rana la sigue y ocupa una silla a su lado. Los dos comen.

La Rana

Ahora que ya cené
despídeme con un beso.

La Princesa

Mirando hacia el Rey y dirigiéndose a él.

Aunque he dado mi palabra,
no puedes pedirme eso.

El Rey

Las promesas que se hacen
siempre se deben cumplir.

La Rana

Besa a esta rana, Princesa,
y no te has de arrepentir.

La Princesa

Pues cumpliré mi palabra,
aunque el hacerlo me cuesta.

El Rey

Para recibir tu beso,
la Rana ya está dispuesta.

*La Princesa le da un beso a la Rana. Al hacerlo, ésta pega
un brinco y desaparece detrás de la mesa. Un instante
después se incorpora el Príncipe, quien, desde el comienzo
del acto, estaba escondido detrás del largo mantel.*

La Princesa

Asombrada.

¡Uhhh...! ¡Ohhh...! ¡Ahhh...!

El Príncipe

*Toma a la Princesa de la mano y la conduce al centro
de la escena, delante de la mesa, mientras el Rey sonríe.
La Princesa y el Príncipe se besan y se abrazan.*

El Rey

Ya con el Príncipe Rana
la Princesa se ha casado...
...¡y colorín colorado
esta historia se ha acabado!

Todos los personajes en escena se inmovilizan y permanecen así.

El Presentador

Entra echando miradas enternecidas hacia el público.

Si alguna niña, o un niño,
o una persona mayor,
sintió brotarle las lágrimas

y estallarle el corazón
ante una historia tan tierna,
de tan delicado amor,
puede llorar sin vergüenza
como estoy llorando yo.

Se inclina en una conmovida reverencia final.

La Pequeña Bailarina

de

Elsa N. Felder

II

OBRA DE TEATRO
EN UN ACTO
PARA PRESENTADOR,
CUATRO NIÑAS ACTRICES
Y CUATRO NIÑOS ACTORES.

Síntesis de la obra

ACTO ÚNICO

Una pequeña niña desea, por sobre todas las cosas, bailar. Pero no quiere hacerlo sola. Y comienza a buscar, en su paseo por el bosque, un compañero de baile. Sin embargo, ni la Flor, ni el Conejo, ni el Pájaro, ni la Cabra, ni siquiera un pastorcito que pasa por allí con su rebaño quieren danzar. Hasta que se encuentra con el Caminante, quien alabando la belleza de la niña, baila con ella. La obra finaliza cuando ambos deciden seguir juntos para siempre.

Personajes

El Presentador

La Niña

La Flor

El Conejo

El Pájaro

La Cabra

El Pastorcito

La Mariposa

El Caminante

Nota: *El presentador es un personaje típico de las funciones de títeres de guante, o de las funciones de cualquier circo trashumante. En general se lo suele presentar con frac, moñito y hasta galera.*

Y los tan necesarios...

Actrices y actores en elementos escenográficos

 Por ejemplo, pueden estar en escena varias niñas actrices disfrazadas de flores. Aunque sólo una de ellas, el personaje de la obra, cobrará movimiento o acción cuando le toque su parlamento.

Acto único

La acción transcurre en la campiña. Cielo luminoso, sierras sobre el horizonte, algunos árboles, el verde intenso de la pradera. La Flor, inmóvil, en primer plano.

El Presentador

Aparece, camina hasta el centro de la escena con amplia sonrisa, y se inclina hacia los espectadores en reiteradas reverencias.

¡Público cálido, amable,
inclinado a la ovación;
público atento y muy sabio
y de tan buen corazón,
la obrita que presentamos
es de encanto y emoción,
porque reina la alegría
y al final nace el amor!

Se inclina en nuevas y muy aparatosas reverencias mientras sale de la escena caminando hacia atrás.

La Niña

Entra a escena muy alegre.

¡Qué mañana tan hermosa!
¡Cuánta alegría me da!
¡En este campo florido
quiero ponerme a bailar!

Tararea una rítmica melodía.

Pero no es muy divertido
el bailar en soledad...

Se aproxima a la Flor.

...linda florcita del campo,
¿me quieres acompañar?

La Flor

Flor que abandona su planta
pronto se marchitará.
Sólo bailo cuando el viento
hace mi tallo menear.

La Niña

No quiero bailar solita,
¿quién me quiere acompañar?

Aparece saltando el Conejo por un lateral.

Conejito, conejito:
¿conmigo quieres bailar?

El Conejo

Todos saben que no bailo:
sólo me gusta saltar;
y me iré a mi madriguera
saltando ahora hacia atrás.

*Se va saltando graciosamente hacia atrás. Aparece el Pájaro
agitando sus alas.*

La Niña

Pajarito, pajarito,
¿conmigo quieres bailar?

El Pájaro

Apenas si toco el suelo
por una miga de pan,
y los bailes no me agradan.
¡A mí me gusta volar!

Sale de escena agitando las alas.

La Niña

¡Adiós, lindo pajarito!
¿Hacia dónde volará?
Pero yo no encuentro a nadie
que me quiera acompañar.

Aparece en escena la Cabra.

Cabrita, linda cabrita,
¿conmigo quieres bailar?

La Cabra

¡Vaya qué niña tan tonta!
Una cabra balará...
pero no bailará nunca...
¡sólo le gusta brincar!

Sale de escena brincando graciosamente.

La Niña

Bailar solita en el campo
muy pronto me aburrirá.
Ahí se acerca un pastorcito
que me puede acompañar.

Entra el Pastorcito a escena.

Pastorcito, pastorcito,
¿conmigo quieres bailar?

El Pastorcito

Si bailamos en el campo,
¿quién mis cabras cuidará?
Y si se escapan traviesas
un castigo me han de dar...
¡adiós, adiós linda niña!
No te puedo acompañar.

Sale de escena tocando una sencilla melodía en su flauta.

La Niña

Todos me dicen que no...
¡Ay!, ¿con quién podré bailar?

Aparece agitando sus alas una bella mariposa.

Mariposa, mariposa,
¿conmigo quieres bailar?

La Mariposa

Me gusta agitar las alas,
me gusta revolotear,
y contarles mis secretos
a las rosas del rosal,
pero bailar no me gusta
y nunca me gustará.

Se va revoloteando entre las flores.

La Niña

Seguiré bailando sola...
¡qué triste es la soledad!

Aparece en escena el Caminante.

Caminante, caminante,
detente en este lugar,
porque no hay nada más lindo
que el campo primaveral.

El Caminante

Tú eres más linda, mi niña,
y mi paso detendrás.
Quiero quedarme a tu lado
en este hermoso lugar.

La Niña

Caminante, caminante,
¡contigo quiero bailar!

El Caminante

Dame la mano, mi niña,
que te quiero acompañar.

Bailan juntos.

La Niña

Por siempre estaremos juntos,
¡ya no habrá más soledad!
¡Por este campo florido
juntos vamos a bailar!

Bailan juntos durante unos instantes girando por la escena
dulcemente, hasta que de pronto quedan inmóviles.

El Presentador

Entra echando miradas radiantes hacia el público.

¡No lloren emocionados,
que no es cosa de llorar,
al fin y al cabo el amor
alejó a la soledad:
la pequeña bailarina
encontró con quién bailar!

Se inclina en una emocionada reverencia final.

Fin
de
la Obra

La Bella Chanchita *

de

Elsa N. Felder

* *Puerquita, cochina o cerdita*

III

OBRA DE TEATRO EN UN ACTO
PARA PRESENTADOR,
UNA NIÑA ACTRIZ Y DOS NIÑOS
ACTORES, UNO DE ELLOS
EN EL TERRIBLE PAPEL
DEL DIABLO, TODO VESTIDO
DE ROJO Y CON DOS CUERNITOS
EN LA FRENTE,
COMO LOS DE UNA CABRA.

Síntesis de la obra

Acto Único

Una hermosa y rechoncha puerquita se siente muy bella y apetitosa, y, como está sola en el chiquero, quiere un novio. Su dueño, el Aldeano, decide comprar en el mercado un cochino de grandes jamones. Aparece entonces, y de improviso, el Diablo, y después de adularla le dice que lo que ella por su hermosura se merece no es ser esposa de un chancho sino una artista de televisión. El Aldeano trata de espantar al Diablo y de convencer a la Chanchita. Y lo logra cuando le explica que el Diablo ha preparado un fuego para hacer de ella un sabroso asado.

La Chanchita recapacita y se enfrenta con el Diablo. El Aldeano lo obliga a escapar. Ella decide seguir con su idea original de casarse con un hermoso puerco y tener muchos puerquitos, formando una familia.

Personajes

El Presentador
La Chanchita
El Aldeano
El Diablo

Nota: *El presentador es un personaje típico de las funciones de títeres de guante, o de las funciones de cualquier circo trashumante. En general se lo suele presentar con frac, moñito y hasta galera.*

Y los tan necesarios...

Actrices y actores
en elementos escenográficos

 Por ejemplo, pueden estar en escena varias niñas actrices disfrazadas de flores. Algún niño de árbol, otro de matorral, un tercero de honguito, y así según la imaginación que pongan en juego.

Acto Único

La acción transcurre en una granja. A un costado de la escena, una pequeña cerca y un chiquero de puro barro.

El Presentador

Aparece, camina hasta el centro de la escena con amplia sonrisa, y se inclina hacia los espectadores en reiteradas reverencias.

Niñas, niños y niñitos,
damas de gran distinción,
señores de largas barbas,
abuelas en camisón,
madres henchidas de orgullo,
padres con gran emoción,
público bueno que aplaude
y se atreve a una ovación,
con amor les brindaremos
una brillante función,
que aunque sea una chanchada
no le falta corazón.

Se inclina en nuevas y muy aparatosas reverencias mientras
sale de la escena caminando hacia atrás.

La Chanchita

Entra a escena muy alegre.

¡Soy una chanchita
joven y gordita!
Sola estoy en el chiquero.
¡Un novio quiero!
¡Un novio quiero!

El Aldeano

Aparece caminando mientras habla consigo mismo.

Hoy en el mercado compraré un cochino
de grandes jamones y cuero muy fino.

La Chanchita

Pega un brinco al oír las palabras del hombre.

¡Ay, aquí lo espero!
¡Un novio quiero! ¡Un novio quiero!

Mientras hablaba la Chanchita, el Diablo se asoma
por detrás del tronco de un árbol.

El Diablo

Entra envuelto en su gran capa roja y brillante, y habla para sí mismo, sin que lo oiga la Chanchita.

¡Ay, qué chancha apetitosa!

Se relame. Se dirige a la Chanchita.

¡Chanchita preciosa
tan suave y rosada
como una rosa...!

El Aldeano

Enojado.

¡Fuera de aquí, Diablo!

El Diablo

Rugiendo, furioso.

¡Con la hermosa hablo!

La Chanchita

Dirigiéndose al Aldeano.

¡Qué joven amable!
¡Déjalo que hable!
¿Hay otra chanchita
tan bella y gordita?

El Diablo

Chanchita preciosa:
de un chancho gruñón
no serás esposa.
¡Serás gran artista de televisión!

La Chanchita pega un brinco de alegría.

La Chanchita

¡Eso es lo que quiero!
¡Y con él me voy!

El Aldeano

No le creas nada,
¡es un embustero!

La Chanchita

Soy una chanchita muy bella y gordita,
¡ser artista quiero!

El Diablo

Aproximándose a la Chanchita, sonriente.

Pues yo te haré estrella,
mi chanchita bella,
¡deja este chiquero!

El Aldeano

Mira que el fueguito
tiene preparado
para convertirte
en sabroso asado.

La Chanchita

¿Yo hecha un asado...?
¡Ay, el fuego veo!
¡Fuera de aquí, Diablo!
¡Mentiroso y feo!

El Diablo

¡Uf!, por esta vez
chanchita no como...

El Aldeano

¡Fuera, o con mi vara
te daré en el lomo!

El Diablo

¡Ay!, ¡me voy ligero!
Palizas no quiero.

El Aldeano

¡Se fue el condenado!
Compraré el más lindo
chancho del mercado.

La Chanchita

Muy alegre.

Con ese buen chancho
yo me casaré;
tendré diez chanchitos
gordos y bonitos,
y feliz seré.

El Aldeano

Te traeré el cochino
más rosado y fino.

Sale de escena.

La Chanchita

Dando brincos y chillando de alegría.

Ya no quiero estar
sola en el chiquero:
¡el novio espero!, ¡el novio espero!

Queda inmóvil en el centro del escenario.
Entra el Presentador.

El Presentador

Niñas, niños y niñitos,
damas de gran distinción,
señores de largas barbas,
abuelas en camisón,
madres henchidas de orgullo,
padres con gran emoción,
público bueno que aplaude
y se atreve a una ovación,
¿no es una tierna chanchada
la que aquí se presentó?
¡Es que los chanchos, señores,
tienen un gran corazón!

Fin
de
la Obra

Los viejos cantores

de

Luis Hernán Rodríguez Felder

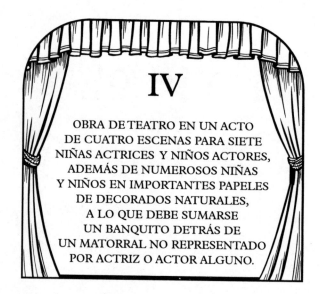

IV

OBRA DE TEATRO EN UN ACTO
DE CUATRO ESCENAS PARA SIETE
NIÑAS ACTRICES Y NIÑOS ACTORES,
ADEMÁS DE NUMEROSOS NIÑAS
Y NIÑOS EN IMPORTANTES PAPELES
DE DECORADOS NATURALES,
A LO QUE DEBE SUMARSE
UN BANQUITO DETRÁS DE
UN MATORRAL NO REPRESENTADO
POR ACTRIZ O ACTOR ALGUNO.

Obra basada en "Los músicos de Bremen",
antiguo relato de los Hermanos Grimm.

A Matilde Montes de Oca:
hola Mati,
bienvenida a la más grande
de todas las funciones.

 Nota importante

Esta obra fue escrita originalmente para títeres de sombra, y readaptada
para actrices y actores de carne y hueso, obviamente con sus sombras,
pero sin ser sombras en sí.

Síntesis de la obra

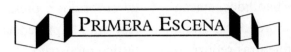

PRIMERA ESCENA

Van entrando a escena, sucesivamente, los cuatro animales, quienes han tenido que huir de las casas donde vivían por diversas razones. El Burro se propone ser cantor para ganarse la vida, ya que rebuzna vigorosamente, y convence al Perro para que lo acompañe debido a lo entonado de sus ladridos. Lo mismo sucede con el Gato, y sus agudos maullidos, y con el Gallo, un reconocido cantor de los amaneceres.

A medida que deciden compartir el oficio de cantor, formando un coro, se unen entre sí, de tal manera que acaban por ser un extraño y único animal: el Burro-perro-gato-gallo.

Pero enseguida cae la noche, sale la Luna, y los cuatro sienten hambre y frío. En ese momento divisan un lejano resplandor en el bosque, y les llega un penetrante y exquisito aroma a carne asada.

SEGUNDA ESCENA

En otro lugar del bosque dos bandidos están alrededor de un fuego donde han cocinado y luego comido un trozo de carne. Sigilosamente, escondidos en la oscuridad, los cuatro cantores –que han llegado hasta allí atraídos por el sabroso aroma–, los observan y escuchan su conversación acerca de las últimas fechorías que han cometido, durante las cuales han robado un pobre burro (cuya carne acaban

precisamente de asar), han apaleado a un perro viejo que los enfrentó, echaron por pura maldad al fuego a un desdichado gato que dormía plácidamente, e hicieron un guiso de arroz con un gallo que lograron atrapar.

Mientras cuentan estas maldades, el Burro, el Perro, el Gato y el Gallo se asoman sucesivamente, primero uno, después éste y otro, luego el tercero junto a los dos anteriores, y, por último, los cuatro juntos, transformados en el Burro-perro-gato-gallo, el que aparece de pronto ante los bandidos, atacándolos a coces-mordeduras-arañazos-picotazos, mientras rebuznan-ladran-maúllan-cacarean a la vez e intensamente, haciéndolos huir despavoridos y presas de gran terror ante la presencia de tan fantástico monstruo.

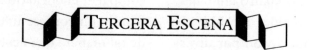

TERCERA ESCENA

Los cuatro compañeros cantores vuelven, cansados de la persecución a los bandidos, al mismo lugar del bosque donde las llamas del fogón, que aún olían a carne asada, se han apagado ya. Y se echan a descansar, durmiéndose todos enseguida, salvo el Gato, que se mantiene despierto, acostado sobre las tibias cenizas, con sus vigilantes ojos rojos abiertos, como dos brasas encendidas.

Poco después, uno de los ladrones retorna sigilosamente. Y al divisar en la oscuridad las brasas aún encendidas del fuego, se dirige hacia ellas para encender una vela con la cual alumbrarse. El Gato, cuyos ojos eran aquellas brasas, al verlo acercarse se echa sobre él chillando y arañándolo. Asustado, el malhechor trata de huir, pero se lleva por delante al Burro, quien lo patea ferozmente arrojándolo contra el Perro, el que, despertándose sobresaltado, muerde a quien cree que lo está atacando, mientras el Gallo se echa a aletear alrededor del intruso, picoteándolo sin cesar.

Dolorido y aterrorizado, el bandido huye hacia lo más profundo del bosque, donde ha permanecido su compinche escondido.

CUARTA ESCENA

El bandido atacado por el Burro-perro-gato-gallo regresa al lugar del bosque donde se ha escondido su compinche, a quien le cuenta lo sucedido. Mientras lo hace, los cuatro miembros cantores los rodean y finalmente se arrojan sobre ellos, haciéndolos huir para siempre.

Personajes

El Presentador
El Burro
El Perro
El Gato
El Gallo
Bandido con gorra
Bandido sin gorra

Nota: *El presentador es un personaje típico de las funciones de títeres de guante, o de las funciones de cualquier circo trashumante. En general se lo suele presentar con frac, moñito y hasta galera.*

Y los tan necesarios...

Actrices y actores en elementos escenográficos

Niñas Flores
Niños Plantas y Matorrales
Niño Hongo
Niño Árbol sin Hojas
Niño Árbol Claro
Niño Árbol Oscuro
Niño Palmera
(Etcétera)

Nota: *El número de actrices y actores puede incrementarse notoriamente no sólo imaginando nuevas plantas y objetos naturales sino también cambiando los intérpretes en cada escena, de tal modo que los padres del Árbol Claro de la segunda se sentirán orgullosos de la representación de su hijo durante el lapso en que transcurre la misma, así como los padres y abuelos del Árbol Claro de la primera lo estuvieron de su hijo y nieto.*

Primera Escena

A la derecha, el Árbol Claro; a su alrededor, el niño Hongo,
las niñas Flores y los niños Plantas y Matorrales.

El Presentador

Aparece, camina hasta el centro de la escena con amplia sonrisa,
y se inclina hacia los espectadores en reiteradas reverencias.

¡Damas bellas, caballeros,
gente de gran distinción,
niñas de dulces miradas,
niños de buen corazón!
Presenciarán una historia
que ya hace mucho pasó:
cuatro pobres animales,
un ser que causa terror,
dos bandidos muy perversos,
y este Gran Presentador
les darán lo que desean:
mucho miedo y emoción,
pidiéndoles sólo a cambio
una sencilla ovación.

Se inclina en nuevas y muy aparatosas reverencias
mientras sale de la escena caminando hacia atrás.

El Burro

Entra al escenario gimiendo.

¡Ay, qué penita la mía,
penita del corazón!
Porque he perdido las fuerzas
al trabajar con tesón
durante toda la vida,
mi cruel e ingrato patrón
está afilando el cuchillo
para hacerme salchichón...

Suspira.

...por eso, como las sombras,
escapé al ponerse el sol,
y aunque estoy débil y viejo
me queda mi vozarrón:
¡Rebuznaré en un gran teatro!
¡Trabajaré de cantor!

*Rebuzna una y otra vez con gran fuerza. El Burro va a salir
de escena por un lateral mientras da grandes rebuznos, pero de
pronto oye unos ladridos, y entonces se encamina al fondo de la
escena donde se oculta detrás del tronco del árbol, asomándose
para ver al recién llegado.*

El Perro

Cabizbajo y con la cola entre las patas.

He sido fiel, obediente,
buen guardián, gran cazador,
pero al perder los colmillos
con que mordía al ratón,
o perseguía a los zorros,
mi patrón me reemplazó
por otro perro más joven,
muy tonto, pero feroz...

Sale el Burro de su escondite y se acerca al Perro.

El Burro

Meneando su cabezota...

...¡un perro joven y tonto
que se durmió en tu colchón
y te expulsó de la casa
mordiscón tras mordiscón...!

El Perro

Asintiendo.

¡Ah, don Burro, qué desgracia,
fue así como sucedió!

El Perro se rasca frenético las pulgas.

El Burro

¡Muchas pulgas, pocos dientes,
pero conservas la voz!
¡Vamos juntos a cantar
en un gran dúo de dos!

El Perro ladra, asintiendo, y el Burro le hace coro,
rebuznando. Salen los dos de la escena.

El gato

Entra a escena maullando lastimeramente.

¡Qué vida la de los gatos!
¡Cuánto sufrir! ¡Qué dolor...!

Entran el Burro y el Perro, éste tomado de la cola de aquél.

El Burro-perro

Hablando los dos al unísono.

Bigotazo, ¿por qué lloras?

El Gato

Enjugándose las lágrimas.

Por lo que fui y ya no soy.
Es que al pasar de los años
le perdí el gusto al ratón,
y duermo durante el día
roncando al rayo del sol,
mientras que noche tras noche
bostezo junto al fogón.
Ayer se hartó mi patrona
y a golpes de escobillón
de las vidas que tenía
unas cuantas me quitó,
yo creo que más de cuatro
dejándome apenas dos.

Vuelve a maullar tristemente.

El Burro-perro

Cada uno dice un verso.

Por suerte para tus vidas,
que de siete quedan dos,
se te ve muy vigoroso
maullando con tanto ardor.
Siendo cantante nocturno
de serenatas de amor

Los dos al unísono.

¿quieres unirte a nosotros...?

El Gato

¡Les agradezco el honor!

El Gato se toma a su vez de la cola del Perro, y salen
de escena los tres, como si fuesen uno solo.

El Gallo

Saliendo desde detrás de los matorrales, al fondo
de la escena, canta un ¡quiquiriquí! débil y triste.

¡Qué historia triste la mía!
¿Así se paga a un cantor
que trabajó sin cansarse
de reloj despertador...?

Lanza otro quiquiriquí más triste y lastimero.
Entra a escena el Burro-perro-gato.

El Burro-perro-gato

Hablando los tres al unísono.

¡Cresta roja!: ¿por qué cantas
si hace mucho amaneció?

El Gallo

Acongojado.

Es que esta tarde el cogote
me cortan sin compasión:
seré el sabor de un caldito
de gallo con coliflor.

El Burro-perro-gato

Si ese caldo no te agrada
y te asusta su sabor,
sumemos nuestras tristezas,
unamos nuestro dolor,
juntemos todas las lágrimas
que aunque más que mal es peor,
y más que negro, negrura,
y más que anchoa, salmón,
lo que parece salchicha
bien puede ser salchichón.

Los cuatro se miran entre sí sorprendidos por lo que acaban
de decir, y estallan de pronto en carcajadas.

Nota: *Este párrafo puede ser dicho más graciosamente si, por ejemplo,*
después del verso que termina en "lágrimas", uno de los tres dice: "que
aunque más que mal...", y otro culmina el verso diciendo: "...es peor"; y
así, el tercero sigue: "...y más que negro...", y otro concluye: "...negrura",
hasta el penúltimo verso, que puede decirlo uno, y los otros dos, ahora
sí al unísono, agregar: "bien puede ser salchichón".

El Gallo

¡Caminaré con ustedes
y haré de despertador!

El Burro-perro-gato

Negando vigorosamente con sus tres cabezas.

¡Necesitamos cantante
y no ruidoso reloj!

*Salen los cuatro de escena; el Gallo tomado de la cola del Gato,
éste del Perro, y éste, a su vez, del Burro, y cada uno emitiendo
su sonido característico. Pero cuando terminan de salir, un instante
después vuelven a entrar, retrocediendo, caminando hacia atrás,
por lo que el Gallo es el primero en entrar.
En el centro de la escena se detienen y cantan en coro.*

El Burro-perro-gato-gallo

Los cuatro al unísono y gritando.

¡Este coro de animales
les canta con gran pasión,
más que coro es sentimiento,
puro grito y corazón!

Los cuatro salen repitiendo esta estrofa por el otro lateral
y siguen cantando detrás de bambalinas hasta que aparecen
por el fondo de la escena, entre rebuznos, ladridos, maullidos
y quiquiriquís, cuando de pronto se torna repentinamente
en penumbras la escena y se descuelga una Luna pendiente
de un hilo e iluminada. Los cuatro quedan mudos e inmóviles
hasta que dicen un verso cada uno:

¡Cómo se agita la Luna!
¡Qué frío y desolación!
¡Necesitamos refugio!
¡Abrigo, pan y colchón!

El Gallo se separa de los otros tres y se sube a un banquito
oculto a los espectadores por estar detrás de un matorral.

El Gallo

¡Veo chispas en la noche!
¡Un lejano resplandor!
¿Será un torrente de estrellas?
¿Algún reflejo del sol...?

El Burro-perro-gato

Pero no, querido Gallo:
de llamas es el calor,
las de un fuego delicioso
que trae aroma y sabor.

¡Vamos allí! ¡Huele a guiso,
a carne asada, a jamón...!

*Se apagan todas las luces de escena, simulando así la caída
del telón. Sólo queda iluminada la Luna, y tal vez
algunas estrellas.*

Lo que conforma el coro de los animales, y después un ser que provoca miedo, son los cuatro tomándose entre sí de alguna manera, lo que en la oscuridad, en las penumbras, origina un ser inimaginable que además grita de cuatro maneras diferentes, y araña, pega coces, muerde y picotea con ferocidad.

En el caso del teatro de sombras, un animal se sube sobre el otro, tal como puede advertirse en esta ilustración, extraída del libro **Cómo hacer títeres de sombra** (Editorial Imaginador).

Segunda Escena

Entran en la escena dos bandidos: el Bandido sin gorra,
y el Bandido con gorra. El Bandido sin gorra se sienta, mientras
que el otro permanece de pie. Detrás de los dos, entre flores
y matorrales, dispuestos de otra manera, se alza otro árbol,
el Árbol Oscuro. A los pies del bandido sentado, una hoguera
en la que se asa un pedazo de carne.

Bandido con gorra

¡Ah, qué festín, qué banquete,
que extraordinario atracón!

Bandido sin gorra

Sentado.

¡Te dije que no era malo
ser bandolero y ladrón!

Se asoma la cabezota del Burro desde detrás del tronco
del árbol, espiándolos.

Bandido con gorra

Y esta carne, ¡qué exquisita!,
¡qué suave aroma y sabor...!

Bandido sin gorra

Es carne de un burro viejo,
con perejil y limón.

*La cabezota del Burro se sobresalta y desaparece
detrás del árbol.*

Bandido con gorra

¿El burro que ayer robamos?

Bandido sin gorra

Asintiendo.

Ese mismo, sí señor,
tan gastado e inservible
que siendo yo su patrón
lo hubiese pronto vendido
para hacerlo un salchichón.
Fue en el robo a aquella granja
del perro que nos ladró,
ése tan viejo y sin dientes
que enseguida se cansó...

*Se asoman, desde detrás del tronco del árbol, la cabezota
del Burro debajo y la cabeza del Perro arriba de ésta.*

Bandido con gorra

¡...y que callé en un instante
a golpes de mi bastón...!

*La cabezota del Burro y la cabeza del Perro se sobresaltan
y desaparecen detrás del árbol.*

Bandido sin gorra

Riéndose.

¡Cuánto jadeo y gemido!
¡Huyó como exhalación!

Bandido con gorra

¿Y ese gato que dormía
roncando sobre el sillón?

*Se asoman, desde detrás del tronco del árbol, la cabezota
del Burro debajo, la cabeza del Perro arriba de ésta, y la
cabeza del Gato sobre las otras dos.*

Bandido sin gorra

¡Lo arrojamos sobre el fuego!
¡Qué risa! ¡Cómo chilló!

Ríen los dos bandidos. Las tres cabezas superpuestas
se sobresaltan al unísono y se esconden detrás
del tronco del árbol.

Bandido con gorra

¿Y el gallo de cresta roja?

Se asoman, desde detrás del tronco del árbol, las cabezas
superpuestas del Burro, el Perro, el Gato, y arriba de ésta
la del Gallo.

Bandido sin gorra

Riéndose burlón.

¿El que esa noche cantó...?

Bandido con gorra

Riéndose y asintiendo.

Lo herví por más de una hora
para un guisito de arroz,
pero en lugar de ablandarse
su carne se endureció.

Las cuatro cabezas superpuestas se sobresaltan al unísono
y desaparecen detrás del tronco del árbol.

Bandido sin gorra

Riéndose.

¡Un pajarraco de piedra!

Bandido con gorra

Riéndose a carcajadas.

¡Un ladrillo volador...!

De improviso entran a escena los cuatro animales, tomados
uno del otro, como si fuesen un solo animal, monstruoso
y aterrador, pues uno rebuzna, el otro ladra, el tercero
maúlla y el cuarto cacarea fuertemente, y lo hacen al
unísono, mientras se abalanzan sobre los dos bandidos,
que huyen despavoridos por un lateral, después de ser
perseguidos por todo el escenario.

El Burro-perro-gato-gallo

Deteniéndose por un instante en el centro de la escena,
dicen en coro los siguientes versos antes de correr detrás de
los bandidos, saliendo por el mismo lateral en su persecución.

¡Jamás se ha visto bandidos
tan malos de corazón,
perversos como el demonio,
gente temible y feroz!
¡Los echaremos bien lejos
para dormir sin temor!

Salen tras los bandidos. Se apaga lentamente el fuego.

Tercera Escena

La misma escenografía de la Segunda Escena.
Las penumbras se han acentuado al haberse apagado el fuego.

El Burro

Entra arrastrando las patas y bostezando.

¡Qué sueño tiene este burro!
¡Y qué dura profesión
la de comer cada día
siendo un artista cantor...!

Avanza hasta el tronco del árbol y se recuesta contra él,
cerrando los ojos y largándose a roncar.

El Perro

Entra tambaleándose de sueño y se echa cerca del fuego
apagado, junto a unos matorrales.

Hasta mis pulgas huyeron
con tamaña agitación.
Dormiré como una momia,
roncaré como un lirón...

Se duerme y ronca enseguida graciosamente.

El Gato

Entra con sigilo y muy vigilante.

Mis ojos se abren de noche
porque soy gran cazador.
Me echaré entre las cenizas
ya apagadas del fogón
y velaré por los otros
para que duerman mejor.

*Se echa sobre las cenizas del fuego. Sus ojos brillan
en la noche, como si fueran dos brasas aún encendidas.*

El Gallo

*Entra y se dirige a la tarima o sillita escondida a los ojos
de los espectadores por estar detrás de un matorral.
Se sube a ella y agita las alas.*

Un gallo con su gallina
es pájaro bravucón.
Un gallo en su gallinero
es el amo, un gran señor...
sin gallina y gallinero
no es gallo, ¡es un pajarón!

*Abate sus párpados y se queda dormido sobre una sola pata.
Todos los animales permanecen inmóviles; duermen y roncan,
salvo el Gato que se mantiene con los ojos abiertos. Se asoma
uno de los bandidos, y avanza como tanteando la oscuridad.*

Bandido con gorra

Hablando en susurros....

¡Qué susto que nos ha dado
ese monstruo aterrador!
Apareció de sorpresa
muy salvaje y muy feroz...

Se paraliza.

¿No son ésos sus ronquidos...?
¿Acaso es ese rumor...?
¡Pero el fuego ya se apaga
y hasta la Luna escapó...!
¡Qué miedo miedo miediiitooo...!
¡Qué mieeedo que tengo yo!

Avanza hacia las dos brasas encendidas.

Voy a encender una vela
en ese rojo carbón...

Saca del bolsillo una vela y la aproxima a uno de los ojos del Gato, quien de improviso chilla, bufa, enojado y se le echa encima, arañándolo.

El Bandido comienza a correr, despavorido, y tropieza con el Perro, que se despierta y le ladra con ferocidad, tratando de morderlo. En su carrera choca con el Burro, que lo patea mientras rebuzna con ira, mientras el Gallo, sacudiendo sus alas, le cacarea feroz. Enloquecido, el bandido huye por un lateral, gimiendo.

Cuarta Escena

*Entra el Árbol Sin Hojas y se ubica junto a los otros dos,
el Árbol Claro y el Árbol Oscuro, los que se han movido
hacia un lado de la escena, cambiando de lugar
como lo han hecho también los matorrales,
las plantas y las flores.
De este modo, la acción se dará en otro lugar del bosque.*

*Entra corriendo y gimiendo el Bandido sin gorra,
y se encuentra con su compinche.*

Bandido sin gorra

¿Así que dando bufidos
una bruja te arañó?

Bandido con gorra

Me clavó todas sus uñas,
¡cuánto susto y qué dolor!

Se oye de pronto un bufido del Gato.

Bandido sin gorra

¿Fue un bufido como ése...?

Bandido con gorra

Tal cual, pero aún peor.

Bandido sin gorra

¿Y entonces una gran fiera
aullando te acuchilló...?

Bandido con gorra

No fueron nada sus dientes:
el aliento me dolió...

Se oye un aullido del Perro.

Bandido sin gorra

¿No será acaso ese aullido...?

Bandido con gorra

Tal cual, pero aún peor.

Bandido sin gorra

¿Y a todo esto una sombra
gimoteando te pateó,
mientras se oía un chillido...?

Bandido con gorra

¡La espalda me demolió...!

Se oye el gimotear del Burro.

Bandido sin gorra

¿Como ése fue el gimotear...?

Bandido con gorra

Tal cual, pero aún peor.

Se oye un potente quiquiriquí del Gallo.

Bandido sin gorra

¿Ese chillido espantoso...?

Bandido con gorra

¡Tal cual, pero aún peor!

Entran sorpresivamente a la escena, por un lateral, los cuatro animales, tomados entre sí, como formando un solo y monstruoso animal: el Burro-perro-gato-gallo.

Bandido sin gorra

Despavorido.

¿Y un monstruo como este monstruo...?

Bandido con gorra

Más asustado aún.

Tal cual..., ¡pero éste es peor!

Bandido sin gorra

¡Huyamos lejos de aquí!

Sale corriendo por un lateral.

Bandido con gorra

¡Escapar es lo mejor!

*Huye también, mientras los cuatro animales ocupan
el centro de la escena y, de pronto, se paralizan.*

El Presentador

*Entra mirando hacia aquel ser aterrador que forman los
cuatro animales cantores, y después de echar una mirada
hacia los espectadores, los señala con un aparatoso ademán.*

Si una dama o caballero,
una señora o señor,
una hermosa señorita,
o un joven espectador
quiere saber si los cuatro
triunfaron en la canción,
se llevará una sorpresa:
jamás ninguno cantó,
ni entonó versos guerreros,
ni serenatas de amor,

porque a la noche siguiente
de lo que aquí sucedió
los fue a buscar un granjero
y a todos los contrató
para espantar a un bandido
muy hambriento y muy feroz
que robaba sus gallinas
para hacerlas con arroz,
dejándole triste al gallo,
muy asustado y sin voz.
Desde entonces los amigos:
el Burro rebuznador,
el Perro que aúlla y ladra,
el Gallo despertador,
y el Gato de fieros ojos,
trabajan con gran ardor
asustando a malhechores
y a gente de lo peor.
¡Ésta es la pura verdad,
y todo lo que pasó!

El Presentador se inclina en una ceremoniosa reverencia,
y permanece así, aguardando la sencilla ovación.

La Traviesa caperucita

de

Elsa N. Felder

V

OBRA DE TEATRO
EN UN ACTO DE DOS ESCENAS
PARA PRESENTADOR,
DOS NIÑAS ACTRICES
Y UN NIÑO ACTOR
QUE HARÁ DE LOBO.

Nota: *Es ésta una versión del célebre cuento tradicional que ha sido creada para los más pequeños, estando exenta de la violencia del relato original.*

Síntesis de la obra

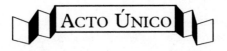

ACTO ÚNICO

Una pequeña niña le pide a su abuela que vaya con ella hasta el bosque a juntar margaritas. Preparan una merienda y parten las dos, muy felices. Al llegar a un claro extienden un mantel y sirven la rica comida que han llevado. Pero cuando están a punto de comerla aparece un lobo, el que, al verlas, abre la boca para devorarlas. Caperucita lo calma, ofreciéndole uno tras otro los manjares que habían comenzado a comer. Llena su panza, y casi indigestado, el Lobo necesita algo de beber. Caperucita le ofrece vino, y el fiero animal se lo toma todo, quedándose enseguida dormido, lo que es aprovechado por Caperucita y su abuela para escapar, volviendo a su casa, cantando y recogiendo flores en el camino.

Personajes

El Presentador
La traviesa Caperucita
La Abuela
El Lobo

Nota: *El presentador es un personaje típico de las funciones de títeres* *de guante, o de las funciones de cualquier circo trashumante. En general se lo suele presentar con frac, moñito y hasta galera.*

Y los tan necesarios…

Actrices y actores
en elementos escenográficos

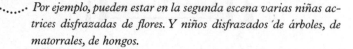 *Por ejemplo, pueden estar en la segunda escena varias niñas actrices disfrazadas de flores. Y niños disfrazados de árboles, de matorrales, de hongos.*

Primera Escena

**La acción transcurre en el interior de la casa
de Caperucita y su abuelita.**

El Presentador

*Aparece, camina hasta el centro de la escena con amplia
sonrisa, y se inclina hacia los espectadores en reiteradas
reverencias.*

¡Señoras y señoritas,
todas de buen corazón;
niños, niñas y niñitas,
abuelos con su bastón,
padres henchidos de orgullo
con lágrimas de emoción,
la obrita que les daremos
no hace mucho sucedió:
es la historia de una niña
que fue a buscar una flor..
pero mejor no les cuento:
que dé comienzo la acción!

Se inclina en nuevas y muy aparatosas reverencias mientras
sale de la escena caminando hacia atrás.

La traviesa Caperucita

Entra a escena muy alegre, brincando entre los muebles.
La Abuelita la observa con una sonrisa.

¡Abuelita, abuelita!
¡Quiero ir al bosque a juntar margaritas!

La Abuela

¡Ay, Caperucita, la espalda me dolerá!
A juntar flores no te puedo acompañar.

La traviesa Caperucita

Bailando y saltando.

¡Abuelita, abuelita!:
vamos al bosque a bailar y a saltar.

La Abuela

¡Ay, Caperucita,
que no me puedo menear!

La traviesa caperucita

¡Abuelita, abuelita,
vamos al bosque a cantar!

La Abuela

Con mi voz cascada voy a desentonar.

La traviesa caperucita

¡Abuelita, vamos al bosque a merendar!

La Abuela

Ahora sonriente y muy satisfecha, relamiéndose.

¡Eso sí que me va a gustar!

Fin de la Primera Escena

Ideas: Varias niñas y niños pueden entrar a retirar los elementos de la escenografía de la Primera Escena, y armar, ante los espectadores, la escenografía de la Segunda Escena.

Segunda Escena

Cambia el decorado por el de un claro de un bosque.
Entran Caperucita y la Abuela. Llegan caminando,
las dos con cestas de comida en sus brazos.

La traviesa caperucita

Vestida con su caperucita roja y con una canasta en el brazo.

Aquí tenderemos el blanco mantel,
pondremos el vino y el rico pastel,
y estos pastelitos rellenos de miel.

La Abuela

¡Eso sí me gusta!
¡Qué bien, qué bien…!

En este momento se escucha un bostezo muy ruidoso
proveniente de la espesura, luego un terrorífico gruñir,
y hace su aparición en escena el Lobo.

El Lobo

¿Quién viene a mi bosque
mi siesta a turbar?
¡Grrr…! ¡El bosque es mío!
¡Nadie pasará!

La traviesa caperucita

Soy Caperucita,
que con mi abuelita
vengo a merendar.

El Lobo

Abriendo su bocaza.

¡Grrr...!
¡Pues yo me las voy a devorar...!

La Abuela

¡Ay, qué miedo,
qué miedo me da...!

La traviesa caperucita

Lo detiene con un gesto y saca un pastelito de su canasta.

Lobito, lobito,
come primero
este pastelito.

Le arroja un pastelito.

El Lobo

¡Qué rico es!
¡Qué dulce miel!
Dame otro y otro,
que saben muy bien.

La traviesa caperucita

Arrojándole una gran ristra de salchichas.

¡Toma, lobito,
y luego el gran pastel,
el pastel de liebre
horneado recién!

Le arroja el pastel. El Lobo se lo devora.

La Abuela

¡Ay, qué miedo,
qué miedo me da!

La traviesa caperucita

No temas, abuela,
no nos va a dañar.

El Lobo

¡Cuánto que he comido!
¡Me muero de sed!

La traviesa Caperucita

Ofreciéndole una botella de vino.

¡Este rico vino
tienes que beber!

El Lobo

Tomándose todo el vino.

¡Glu, glu, glu!
¡Qué bueno,
qué bueno que está!

La traviesa Caperucita

Dirigiéndose a la Abuela y a los espectadores.

¡Lo ha tomado todo!
¡Pronto dormirá!

El Lobo

Bostezando y desperezándose muy ruidosamente.

¡Ay, qué sueño tengo!
¡Ya no puedo más!

*El Lobo entrecierra los ojos y se echa al pie de un árbol
a dormir, roncando fuertemente. Su barriga, enorme,
queda en primer plano.*

La traviesa Caperucita

Muy alegre.

¡Tra la la! ¡Tra la lá!
Una larga siesta
el Lobo dormirá.

La Abuela

Volvamos a casa
para merendar.

*Comienzan a salir las dos en puntas de pie, para no despertar
al Lobo. Antes de salir se la oye canturrear a Caperucita.*

La traviesa caperucita

¡Con flores del bosque
me voy a adornar
y por los senderos
he de jugar, cantar y bailar!

Aplausos, silbidos emocionados, ovación prolongada.

La Bruja Brujota

de

Elsa N. Felder

VI

OBRA DE TEATRO
EN UN ACTO
PARA PRESENTADOR ,
DOS NIÑAS ACTRICES
Y UN NIÑO ACTOR,
QUE HARÁ DE CONEJO.

Nota: *Es ésta una obra para niños muy pequeños que ha sido creada para poner en escena durante el festejo de la noche de brujas, o el Halloween.*

Síntesis de la obra

ACTO ÚNICO

En un verde prado, en plena campiña, un conejo, que andaba en busca de alimento, se encuentra con una calabaza enorme, y decide llevarla a su hogar, para comerla con su señora, la Coneja, y su pequeño hijo, Conejín. Pero en ese momento aparece una bruja, y decide darle un susto al Conejo. Por lo que encanta a la calabaza transformándola en la Calabaza. Ésta comienza a hablar, por lo que el Conejo se sorprende mucho. De pronto, la Calabaza decide pegarle en el hocico para castigarlo por haber querido comérsela, pero cuando el Conejo trata de huir, la Bruja lo encanta impidiéndole correr. La Calabaza comienza a pegarle, y la Bruja se divierte mucho, hasta que decide desencantar al Conejo, que finalmente logra huir hacia su hogar. Enseguida desencanta también a la Calabaza, que vuelve a quedar sobre el piso, inmóvil.

Personajes

El Presentador
El Conejo
La Bruja
La Calabaza

Nota: *El presentador es un personaje típico de las funciones de títeres de guante, o de las funciones de cualquier circo trashumante. En general se lo suele presentar con frac, moñito y hasta galera.*

Y los tan necesarios...

Actrices y actores
en elementos escenográficos

☞ ······· *Por ejemplo, pueden estar en la segunda escena varias niñas actrices disfrazadas de flores. Y niños disfrazados de árboles, de matorrales, de hongos.*

Acto único

**La acción transcurrirá en un campo muy verde,
con flores silvestres, un árbol,
y al pie de éste un matorral,
delante del cual se advierte una calabaza.**

El Presentador

Aparece, camina hasta el centro de la escena con amplia sonrisa, y se inclina hacia los espectadores en reiteradas reverencias.

Niñas, niños y niñitos,
señoritas, señoritos,
tíos, primas y primitos,
abuelitas y abuelitos,
madres, padres y hermanitos,

☞ ······· **Nota:** *La Calabaza, al comenzar la acción, se ve como una calabaza común, pero en realidad forma parte del disfraz de un niño actor, por lo que, cuando la Bruja dé vida a la Calabaza, ésta, sorprendentemente, se incorporará (el cuerpo del actor habrá estado oculto por el matorral hasta ese momento), y se advertirá entonces que la Calabaza tiene boca y ojos, como las que se usan como cabezas de espantapájaros en el campo, o en la noche de brujas, iluminada por una vela en su interior.*

amiguitas y amiguitos:
con la más grande emoción,
conmovido el corazón
y esperando la ovación,
damos inicio a la acción.

El Conejo

*Entra a escena dando saltos y se dirige hasta la Calabaza,
deteniéndose frente a ella. La olfatea, y luego la mordisquea.*

¡Ay, qué hermosa calabaza!
Me la llevaré a mi casa.
Con Coneja y Conejín
nos daremos un festín.

Aparece la Bruja de improviso en la escena.

La Bruja

Con una risotada.

Yo soy la bruja Brujota
que a todo el mundo alborota,
y hoy, para darme un gran gusto
daré a ese conejo un susto
¡pan pilín palán pam pin!
¡Levántate y habla, calabacín!

La calabaza cobra vida, transformándose en la Calabaza,
e incorporándose.

La calabaza

¿Quién me huele...?
¿Quién me araña...?
Soy una calabaza
que a nadie daña.

El Conejo

¡Ay, qué susto tan horrible!
¡Una calabaza que habla!
¡Esto no es posible!

La Bruja

Riéndose en roncas risotadas y dirigiéndose al público.

¡Ja, ja, ja! ¡Cómo me río!
El susto es de él,
y el gusto es mío.

La calabaza

¡Hablo, me levanto y corro!
¡Y un fuerte calabazazo
he de pegarle en el morro!

El Conejo

Comienza a huir dando saltitos.

Pues yo correré ligero...

La Bruja

Haciendo un ademán, como un pase mágico.

¡Pan pilín palán pan pin!
¡Que no se muevan
las patas de Conejín!

El Conejo

Paralizándose.

¡Ay, que no puedo correr!
¡Estoy embrujado!
¿Qué hacer? ¿Qué hacer?

La Calabaza

Echando cabezazos hacia el Conejo.

Recibir mis calabazazos.
¡Toma un golpazo y otro golpazo!

El Conejo

¡Hoy no como calabaza
y llego maltrecho a casa!
¡Calabaza no comí!
¡La Calabaza me la dio a mí!

La Bruja

Haciendo un pase de magia hacia el Conejo.

¡Pan pilín palán pan pin!
Ya me reí bastante:¡corre, Conejín!

El Conejo sale de la escena dando saltitos.
La Bruja realiza otro pase de magia hacia la Calabaza.

La Calabaza

Bostezando.

¡Ay, otra vez tengo sueño!
¡Me dormiré como un leño!

*La Calabaza se duerme acostándose y tornando a la posición
del comienzo de la obra.*

La Bruja

Y yo me voy a buscar
A quien poder molestar.
¡Soy la gran bruja Brujota,
que a todo el mundo alborota!

Índice

 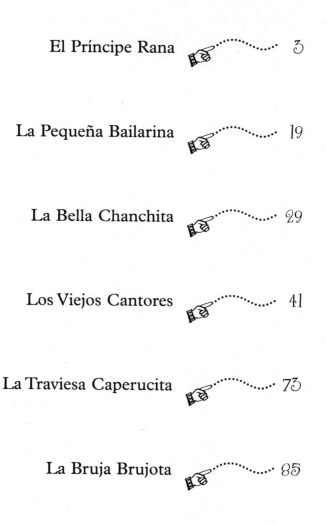